hänssler

Beate und Winrich Scheffbuch

Wir haben einen Gott, der hilft

hänssler-Taschenbuch
Bestell-Nr. 392.481

3. Auflage 2000, Hänssler Verlag, D-71087 Holzgerlingen
ISBN 3-7751-2481-0

Umschlaggestaltung: Stefanie Stegbauer
Titelfoto: Beate Binder
Innenfotos: Seite 10, 28, 42: Winrich Scheffbuch
Seite 15: Beate Binder
Seite 36, 50: Wolfgang Diederich
Satz: AbSatz, Klein Nordende
Druck und Bindung: Ebner Ulm
Printed in Germany

Inhalt

Gelobt sei der Herr täglich.
Gott legt uns eine Last auf,
aber er hilft uns auch.
Wir haben einen Gott,
der da hilft,
und den Herrn,
der vom Tode errettet.

Psalm 68,20f.

Krank

Lange habe ich es nicht wahrhaben wollen,
daß ich krank bin.
Ich wollte die Krankheit verdrängen,
vergessen und einfach weitermachen wie bisher.
Doch dann ging es nicht mehr,
die Krankheit war stärker.
Ich bin krank, schwach und angeschlagen.
Ganz neu muß ich jetzt meine Kraft bemessen,
überlegen, was ich mir zumuten kann.
Es ist schwer, stillzuliegen,
herausgerissen aus drängender Arbeit
und allen wichtigen Tätigkeiten.
Meine Fröhlichkeit ist von mir gewichen,
und meine Gedanken sind voll Trauer.
Ich sorge mich, was werden wird,
wenn kein Medikament die Krankheit stoppen kann.
Nur Gott weiß alles, weil er mich kennt;
er hat mich geschaffen nach seinem Bild.
Er gibt mir diesen Tag heute
und auch die Kraft, die ich brauche.
»Meine Zeit steht in deinen Händen,
mein Herr und mein Gott!«
Ich möchte in deinen Händen geborgen sein.
Bewahre mich fest bei dir,
daß nichts mich von dir scheiden kann!

Mitten in der Angst

Wenn ich dich anrufe,
so erhörst du mich
und gibst meiner Seele große Kraft.
Wenn ich mitten in der Angst wandle,
so erquickst du mich.

aus Psalm 138

Herr, weil mich festhält deine starke Hand,
vertrau ich still.
Weil du voll Liebe dich zu mir gewandt,
vertrau ich still.
Du machst mich stark, du gibst mir frohen Mut,
ich preise dich, dein Wille, Herr, ist gut.

Herr, weil du jetzt für mich beim Vater flehst,
vertrau ich still.
Weil du zu meiner Rechten helfend stehst,
vertrau ich still.
Droht mir der Feind, so schau ich hin auf dich,
ein Bergungsort bist du, o Herr, für mich.

Ist auch die Zukunft meinem Blick verhüllt,
vertrau ich still.
Seitdem ich weiß, daß sich dein Plan erfüllt,
vertrau ich still.
Seh ich nicht mehr als nur den nächsten Schritt,
mir ist's genug! Mein Herr geht selber mit.

Diakonissenmutterhaus Aidlingen

19 95
doch willst Du Gott noch
grösser sehn, dann bleib
an seinem Kreuze stehn.

Dein Wille geschehe!

Vater im Himmel!
Ich bitte weder um Gesundheit noch um Krankheit,
weder um Leben noch um Tod,
sondern darum,
daß du über meine Gesundheit und meine Krankheit,
über mein Leben und meinen Tod verfügst,
zu deiner Ehre
und zu meinem Heil.
Du allein weißt,
was mir dienlich ist.
Du allein bist der souveräne Herr!
Tu, was du willst.
Ich weiß nur eines:
es ist mir gut, dir zu folgen,
und schädlich, dich zu beleidigen.
Gib mir, nimm mir,
aber mache meinen Willen dem deinen gleich,
daß ich in demütiger, vollkommener Unterwerfung
und heiligem Vertrauen deine Befehle empfange
und gleichermaßen verehre alles,
was mir von dir zukommt.

Nach dem berühmten Denker Blaise Pascal (1623 - 1662) – mathematisches Genie, Entdecker, Philospoh und Physiker –, der seit seinem 20. Lebensjahr keinen Tag ohne Schmerzen war.

Im Krankenhaus

Mich macht es ruhig,
daß jetzt alles für mich getan wird,
was wegen der Krankheit nötig ist.
Dank gebührt den vielen,
die sich unermüdlich um mich mühen.
Aber auch wenn viele Menschen um mich sind,
bin ich doch ganz allein,
fremd in einer Welt voller Krankheit.
Ob die anderen ahnen,
wie wild meine Gedanken durcheinandergehen?
Immer wieder belasten mich schwere Sorgen,
wie alles ausgehen wird.
Da ist die unheimliche Angst,
ob es noch einmal werden kann wie früher.
Ganz unerwartet kam die Krankheit,
drohen nun neue schlimme Enthüllungen?
Wie ungewiß auch meine Zukunft sein mag,
meine Zeit steht in den Händen Jesu.
Er kannte mich, bevor ich geboren wurde;
er will, daß ich ewig bei ihm bin.
Dafür starb er am Kreuz für mich,
auf daß ich Frieden hätte!
Jetzt mitten in dem unruhigen Grübeln
mit den schweren Gedanken –
will Jesus mein Friede sein.

Gott erhört Beten

Rufe mich an in der Not,
so will ich dich erretten,
und du sollst mich preisen.

Psalm 50,15

Jesus spricht:
Bittet, so wird euch gegeben;
sucht, so werdet ihr finden;
klopft an, so wird euch aufgetan.
Denn wer da bittet, der empfängt;
und wer da sucht, der findet;
und wer da anklopft, dem wird aufgetan.
Wer ist unter euch Menschen,
der seinem Sohn,
wenn er ihn bittet um Brot,
einen Stein biete?
Wenn nun ihr,
die ihr doch böse seid,
dennoch euren Kindern gute Gaben geben könnt,
wieviel mehr wird euer Vater im Himmel
Gutes geben denen, die ihn bitten.

Matthäus 7,7-9.11

Ich will beten, Gott wird hören;
denn er hat es zugesagt.
Mich soll Zweifel nicht betören,
und ich werde nicht verzagt,
wenn er nicht zu hören scheint.
Denn ich weiß wohl, wie's gemeint:
es soll die Geduld sich mehren.
Ich will beten, Gott wird hören.

Ich will beten, Gott wird geben;
denn von ihm kommt alles her.
Aus der Fülle kann man heben
als aus einem reichen Meer,
was für Leib und Seel ist not:
Droben lebt der reiche Gott,
der hat Segen, Brot und Leben.
Ich will beten, Gott wird geben.

Ich will beten, Gott wird retten.
Ich will, neigt mein Lebenslicht,
in des Vaters Schoß mich betten
mit Gebet und Zuversicht.
Wer im Sterben beten kann,
den nimmt Gott in Gnaden an,
reißt ihn aus des Todes Ketten.
Ich will beten, Gott wird retten.

Gottfried Gottschling

Warum?

Über den Sorgen und Leiden
liegt Gottes stets segnende Hand;
versuche nicht auszudeuten,
warum er dir Schweres gesandt.
Du kämest sonst nimmer vom Klagen
und bliebest im Zweifeln bestehn
und müßtest vor Kummer verzagen –
du kannst das Warum nicht verstehn!
Die Antwort des Herrn liegt am Ende;
für heute genügt das Wozu –
drum leg dich in Gottes Hände
und warte in stiller Ruh.
Sieh über den Wolken die Sterne,
das Licht, auch in dunkelster Nacht,
und wisse, Gott ist dir nicht ferne
und hat schon das Ende bedacht.
Er trägt das Warum in den Händen,
es ist ihm nicht Frage wie dir.
Er sorgt, daß die Wege so enden,
daß du ihm wirst danken dafür.
Das Letzte im gläubigen Leben
liegt jenseits von Tod, Qual und Pein;
das Letzte, das Gott dir wird geben,
das Letzte wird Herrlichkeit sein!

Walter Müller

Fürchte dich nicht!

Was von außen und von innen
täglich meine Seele drückt
und hält Herz, Gemüt und Sinnen
unter seiner Last gebückt,
in dem allem ist dein Wille,
Gott, der aller Unruh wehrt
und mein Herz hält in der Stille,
bis es deine Hilf erfährt.

Denn du bist mein Fels auf Erden,
da ich still und sicher leb;
deine Hilfe muß mir werden,
so ich mich dir übergeb.
Dein Schutz ist mein Trutz alleine
gegen Sünde, Not und Tod;
denn mein Leiden ist das deine,
weil ich dein bin, o mein Gott.

Auf dich harr ich, wenn das Leiden
nicht so bald zum Ende eilt;
dich und mich kann's nimmer scheiden,
wenn's gleich noch so lang verweilt.
Und auch dies mein gläubig Hoffen
hab ich nur allein von dir;
durch dich steht mein Herz dir offen,
daß du solches schaffst in mir.

Bei dir ist mein Heil und Ehre,
meine starke Zuversicht;
willst du, daß die Not sich mehre,
weiß ich doch, du läßt mich nicht.
Meint der Feind mich zu erreichen
und zu werfen unter sich,
will ich auf den Felsen weichen;
der wirft alles unter mich.

August Hermann Francke

Vor der Operation

Gerne suche ich Patienten noch am frühen Morgen vor der Operation auf. Die große Stadt liegt noch still im Dunkeln. Im Krankenhaus beginnt schon das geschäftige Treiben.

Ich stehe nur kurz am Bett des Patienten. In wenigen Minuten werden sie ihn in den OP holen. Oft geht es um Tod oder Leben.

Viel wird da plötzlich sehr klein und unwichtig. Unser Können und Vermögen kann nichts mehr ausrichten. Man spürt in solchen Augenblicken seine völlige Hilflosigkeit. Wie bedroht ist doch unser menschliches Leben!

»Aber das Wort unseres Gottes bleibt ewig!«

Größeres gibt es nicht, als in solch einem Augenblick einem schwachen Kranken zuzusprechen: »Niemand kann dich aus der Hand Jesu reißen!«

Nein, wir sind nicht schwach, sondern stark. Jesus, der Herr, hält uns ganz fest. Wir dürfen unsere Hand im Glauben vertrauensvoll in seine Hand legen. Und er läßt uns nicht los.

Wir sind auch nicht unbedeutend und vergessen unter vielen hundert Millionen Menschen auf der Welt, sondern sind Gott sehr wichtig. Er, der Herr, sucht uns und tritt selbst für uns ein.

Das wichtigste Pfand in solch einem Augenblick ist die leidende Gestalt Jesu am Kreuz. Für meine Sünde hat er sich zu Tode martern lassen. Er hat sich von meiner Schuld nicht abgesetzt, sondern will mich bei sich haben. Nun darf ich ihm ganz fest vertrauen und mein Leben ganz in seine Hand legen. Ich werde nicht umkommen, sondern immer bei ihm geborgen sein, hier oder in der Ewigkeit.

»Glauben Sie das?« Oft frage ich die Patienten so direkt.

Es ist mir wichtig, daß wir wirklich dem Herrn fest vertrauen und ihm glauben. Erst dann wird das Dunkel unserer schweren Gedanken hell. Zweifel und Angst, Unsicherheit und Sorgen haben nicht mehr das letzte Wort, sondern allein der Herr, der stärker und größer ist als Krankheit, Tod und alle Ängste.

Er hat mir sein Wort gegeben. Er kann und wird es nicht brechen. Seinem Wort traue ich fest und voller Zuversicht. Das macht ganz gewiß!

Vom Vertrauen

Du bist mein Schirm,
du wirst mich vor Angst behüten,
daß ich errettet
gar fröhlich rühmen kann.

Psalm 32,7

Ich steh in meines Herren Hand
und will drin stehen bleiben;
nicht Erdennot, nicht Erdentand
soll mich daraus vertreiben.
Und wenn zerfällt die ganze Welt,
wer sich an ihm und wen er hält,
wird wohlbehalten bleiben.

Er ist ein Fels, ein sichrer Hort,
und Wunder sollen schauen,
die sich auf sein wahrhaftig Wort
verlassen und ihm trauen.
Er hat's gesagt, und darauf wagt
mein Herz es froh und unverzagt
und läßt sich gar nicht grauen.

Und was er mit mir machen will,
ist alles mir gelegen;
ich halte ihm im Glauben still
und hoff auf seinen Segen.
Denn was er tut, ist immer gut,
und wer von ihm behütet ruht,
ist sicher allerwegen.

Und meines Glaubens Unterpfand
ist, was er selbst verheißen:
daß nichts mich seiner starken Hand
soll je und je entreißen.
Was er verspricht, das bricht er nicht;
er bleibet meine Zuversicht.
Ich will ihn ewig preisen.

Philipp Spitta

Meine Seele ist stille zu Gott,
der mir hilft.

Psalm 62,2

Wie Gott mich führt, bin ich vergnügt,
ich ruh in seinen Händen;
wie er es schickt und mit mir fügt,
wie er's will kehren, wenden,
sei ihm hiermit ganz heimgestellt:
er mach es, wie es ihm gefällt,
zum Leben oder Sterben.

Wie Gott mich führt, so bleib ich treu
im Glauben, Hoffen, Leiden.
Steht er mit seiner Kraft mir bei,
was will mich von ihm scheiden?
Ich fasse in Geduld mich fest;
was Gott mir widerfahren läßt,
muß mir zum Besten dienen.

Lambert Gedicke

Befiehl dem Herrn deine Wege
und hoffe auf ihn,
er wird's wohl machen.

Psalm 37,5

Der in der Tiefe entdeckte Schatz

Nicht nur die Krankheit an sich belastet und bedrückt uns schwer. Oft leiden wir noch schlimmer daran, weil wir durch eine Erkrankung aus wichtigen Tätigkeiten herausgerissen wurden. Nun sind wir in die Stille geführt, ganz allein auf die Seite genommen.

Völlig unerwartet traf es auch Philipp Friedrich Hiller vor fast 250 Jahren. Eine seltene Halskrankheit, gegen die die Ärzte nichts unternehmen konnten, raubte ihm ganz plötzlich die Stimme. Es begann mit einer Heiserkeit, die sich immer mehr steigerte. Nach einem halben Jahr konnte man ihn nur noch aus allernächster Nähe verstehen.

Schwer belastete es Hiller über 16 Jahre hinweg, daß er in seinem Ort nicht mehr öffentlich predigen und mit jung und alt reden konnte. Es schmerzte ihn, wie die Gemeinde sich um seine Ablösung bemühte. Es war natürlich auch verständlich, daß die Gemeinde lieber einen gesunden Pfarrer wollte. Schließlich wurde aber sein Bleiben in dem Dorf auf der Schwäbischen Alb geduldet.

»Warum gibt mir Gott meine Stimme nicht wieder?« Darüber grübelte Hiller oft. Es beschwerte ihn, daß in der Bibel steht: »Alles, was ihr bittet im Gebet, wenn ihr glaubt, werdet ihr's empfangen.«

»Darf man um solche Nöte des Leibes nicht beten? Ist es ein zu großes Wunder, das ich erhoffe? Soll ich ablassen vom Bitten? Wenn Gott hören wollte, wäre die Krankheit längst gewichen.« Wie in mächtigen Wellen stürmten diese Fragen über ihn. Über viele Jahre hinweg schlug er sich täglich mit ihnen herum. Es war ein aufreibender Kampf.

In einem Brief an einen Freund schrieb er: »Seit geraumer Zeit stehe ich in schweren Anfechtungen, denen ich kaum widerstehen kann. Ich bete, weine, schütte mein Herz aus und flehe, meine Stimme wieder zu bekommen. Während des Gebets glaube ich auch und bin nachher ruhig. Aber dann kommt wieder die Bangigkeit zurück. Die Sorgen brechen wieder über mich herein. Ich hänge zwischen Furcht und Hoffen.«

Trotzdem war Hiller in diesen Jahren nicht untätig. Er schrieb einige wichtige Bücher, darunter zwei Liedersammlungen für jeden Tag des Jahres, das ›Liederkästlein‹. Es wurde das beliebteste Andachtsbuch im alten Württemberg. Viele, die damals auswanderten, nahmen es in ihre neue Heimat mit.

Unzählige Menschen wurden durch die Worte des stimmlosen Pfarrers ermutigt und getröstet. Ausgerechnet er, dem über Jahre hinweg jede öffentliche Wirksamkeit versagt blieb, redet bis heute durch seine Lieder, denen man die Tiefe abspürt, aus der heraus sie gedichtet wurden. Das bekannteste von ihm verfaßte Lied rühmt: »Jesus Christus herrscht als König!«

Ihm machte großen Eindruck, wie einst Hiob die schrecklichen Nachrichten von den fürchterlichen Unglücksfällen aufnahm. Er wollte von der Geduld Hiobs lernen, der über allem schlimmen Geschehen nur noch Gott pries und seinen Namen lobte. »Wir haben an solchen Liedern vom Lob Gottes keinen Überfluß«, schrieb Hiller.

So entstand das Lied:

Es jammre, wer nicht glaubt!
Ich will mich stillen;
mir fällt kein Haar vom Haupt
ohn Gottes Willen.
In Jesus hab ich
hier das beste Leben;
und sterb ich,
wird er mir ein bessers geben.

Es sorge, wer nicht traut!
Mir soll genügen;
wovor mir jetzo graut,
das wird Gott fügen.
Er weiß, was nötig sei,
so mag er sorgen;
mir ist des Vaters Treu
auch nicht verborgen.

Es zage, wer nicht hofft!
Ich will mich fassen;
er hat mich's schon so oft
erfahren lassen:
er hört Gebet in Not,
wann sie am größten;
sein Geist kann auch im Tod
mit Jesu trösten.

So wein ich, wenn ich wein,
doch noch mit Loben;
das Loben schickt sich fein
zu solchen Proben.
Man kann den Kummer
sich vom Herzen singen.
Nur Jesus freuet mich.
Dort wird es klingen!

So wurden Depressionen vertrieben

In dem Missionswerk *Hilfe für Brüder*, in dem ich mitarbeite, freuen wir uns immer, wenn wir auch Post von unseren Freunden bekommen. Eines Tages erhielten wir diesen Brief aus einem Pflegeheim:

»Gott hat mich im Alter von 55 Jahren in die Stille des Pflegeheims geführt. Dort habe ich im Rollstuhl eine großartige Erfahrung gemacht: die Fürbitte.

Dadurch ist mein Leben so reich ausgefüllt. Außerdem werde ich gesegnet und stehe mit der weltweiten Gemeinde Jesu in Verbindung und darf an allem teilnehmen.

Die Fürbitte läßt mich gesunden. Ich werde mehr gesegnet als die andern. Durch die Fürbitte stehe ich den ganzen Tag vor Gottes Thron. Auch wenn ich im Rollstuhl sitze, bin ich doch vor Gottes Angesicht.

So bin ich vollkommen geborgen und habe großen Frieden. Das macht mich ganz frei und gelöst. Es kommt auch meinem Körper zugut – und meiner Seele. Dadurch konnten manche Depressionen vertrieben werden.

Ich bete: ›In dir, Herr, habe ich alles. Du wirst mir geben, was ich brauche. Ich vertraue dir grenzenlos. Ich bin dein Kind!‹

So gesunde ich innerlich. Die Wunden heilen. Ich bin wirklich unglaublich reich, denn unser Gott ist groß!«

Hat Gott mich abgeschrieben?

Schaue doch und erhöre mich,
Herr, mein Gott!
Erleuchte meine Augen,
daß ich nicht im Tode entschlafe,
daß nicht mein Feind sich rühme,
er sei meiner mächtig geworden,
und meine Widersacher sich freuen,
daß ich wanke.

Ich aber traue darauf,
daß du so gnädig bist;
mein Herz freut sich,
daß du so gerne hilfst.
Ich will dem Herrn singen,
daß er so wohl an mir tut.

Psalm 13, 4-6

Ich rief zum Herrn in meiner Not:
»Ach Gott, vernimm mein Schreien!«
Da half mein Helfer mir vom Tod
und ließ mir Trost gedeihen.
Drum dank, ach Gott, drum dank ich dir;
ach danket, danket Gott mit mir!
Gebt unserm Gott die Ehre!

Der Herr ist noch und nimmer nicht
von seinem Volk geschieden;
er bleibet ihre Zuversicht,
ihr Segen, Heil und Frieden.
Mit Mutterhänden leitet er
die Seinen stetig hin und her.
Gebt unserm Gott die Ehre!

Johann Jakob Schütz

Gott ist kein Kaputtmacher!

Wer erschrickt nicht
über schreckliche Unglücksfälle?
Über unheilbare Krankheiten?
Über schmerzhaftes Leiden?
Wie kann Gott so etwas Furchtbares zulassen,
wenn er mich doch liebt und für mich sorgt?
Mir ist es jetzt plötzlich so,
als ob mir der Boden weggezogen
und ich in unheimliche Tiefen fallen würde.
Was bleibt in diesen Abgründen,
das mich noch halten könnte?
Er, der ewige Gott, spricht:
»Es sollen wohl Berge weichen
und Hügel hinfallen,
aber meine Gnade soll nicht von dir weichen,
und der Bund meines Friedens soll nicht hinfallen!«
Darum kann und muß das Alte zerschlagen werden,
damit das völlig Neue kommen kann
aus der Kraft seiner Auferstehung von den Toten.
Es ist schwer, wenn Gott wegnimmt –
die nötige Gesundheit,
einen vertrauten Menschen,
das heißgeliebte Kind,
oder den schönsten Lebenstraum.

Aber Gott will nicht kaputtmachen,
er will mein Leben.
Ich bin ihm wichtig.
In Jesus darf ich geborgen sein,
ihm will ich ganz und für immer gehören.
Er ist der Herr,
er tue, was ihm wohlgefällt!

Der Herr – mein Arzt

Fürchte dich nicht,
ich bin mit dir.
Weiche nicht,
denn ich bin dein Gott.
Ich stärke dich,
ich helfe dir auch,
ich halte dich
durch die rechte Hand meiner Gerechtigkeit.

Jesaja 41,10

Was Gott tut, das ist wohlgetan,
es bleibt gerecht sein Wille;
wie er fängt meine Sachen an,
will ich ihm halten stille.
Er ist mein Gott, der in der Not
mich wohl weiß zu erhalten;
drum laß ich ihn nur walten.

Was Gott tut, das ist wohlgetan,
er wird mich wohl bedenken;
er als mein Arzt und Wundermann
wird mir nicht Gift einschenken
für Arzenei; Gott ist getreu,
drum will ich auf ihn bauen
und seiner Güte trauen.

Samuel Rodigast

Ich, ich bin der Herr,
und außer mir ist kein Heiland.

Jesaja 43,11

7 8 9 10 11 12 1 2 3 4 5
Machs wie diese Sonnenuhr
zähl die heitern Stunden nur

Worauf kann man sich fest verlassen?

Was ist eigentlich fest und verläßlich?

Viele Jahre lang kann man mit sprühender Aktivität wirken. Doch wenn dann plötzlich eine Krankheit eintrifft, ist man oft wie gelähmt.

Was ist los? Werde ich wieder gesund? Wie wird es morgen sein? Was wird aus meiner Arbeit?

Es ist schlimm, daß uns niemand eine feste und sichere Antwort geben kann.

Wie schade, daß oft Besucher mit Kranken nur über die alltäglichen Belanglosigkeiten reden. Die Kranken aber sorgen sich, mehr als andere ahnen, um ihr Leben.

Wir können viele Fragen, die eine Krankheit auslöst, nicht beantworten. Wir können aber Kranken fest zusagen, daß sie auch jetzt in dieser schlimmen Ungewißheit ganz gewiß von Gott gehalten und geführt werden.

Vor vielen Jahren besuchte ich eine einflußreiche Fabrikantin in einem Krankenhaus. An der Wand des Krankenzimmers hing eine Abbildung des gekreuzigten Christus. Das war ein guter Anknüpfungspunkt für das Gespräch.

»Was bedeutet Ihnen dieses Kreuz?« fragte ich die Patientin.

Da erzählte sie, wie ihr Sohn schon am ersten Tag mit einem teuren originalen Ölgemälde gekommen sei. Er wollte unbedingt das triste Krankenzimmer beleben und freundlicher wirken lassen.

Wo soll man es aber hinhängen? Einen Nagel in die Wand zu schlagen, traute er sich nicht zu. So hängte er einfach das Kruzifix von der Wand.

Da wehrte die Frau: »Morgens wenn ich erwache, sehe ich schon im Halbdunkel des anbrechenden Morgens dieses Bild. Und abends, wenn die Dämmerung kommt, blicke ich auf die Umrisse des gekreuzigten Jesus.«

»Das ist mehr als ein Symbol«, konnte ich jetzt erklären. »Gott hat ein für allemal hier festgemacht, daß er alles für uns hergibt.« Da macht Gott Frieden mit uns, trägt alle schlimmen Geschehnisse weg und vergibt sie. Wir haben Frieden mit Gott. Und er trägt uns mit seiner ewigen Liebe.

Irgendwo in meiner Gemeinde erzählte ich dieses Erlebnis. Daran erinnerte mich eine treue Mitarbeiterin, die viel Gutes wirkte. Sie ging durch schweres

Leiden. Sie wollte aber nicht ins Krankenhaus, sondern zu Hause bleiben.

Da bat sie mich eines Tages bei einem Besuch: »Haben Sie mir nicht auch ein Kreuz? Ich will es immer vor Augen haben, wenn ich da liege.«

In einem Schrank in der Sakristei unserer Kirche fand ich ein Kreuz mit der Abbildung des sterbenden Jesus Christus. Offenbar war es viele Jahre dort unbenützt gelegen. Jetzt brachte ich es in die Krankenstube. Es fand oben auf dem Schrank des Schlafzimmers Platz.

Wieder entdeckte ich, wie das Kreuz redet. Da hat Gott ein Pfand seiner Liebe gegeben. Er läßt seinen Sohn für uns die ganze Not unseres zerbrechenden Lebens tragen, damit wir gerettet und erlöst sein können.

Seitdem freue ich mich immer, wenn ich unterwegs beim Wandern in den Alpen oder sonst an einer Weggabelung ein Kreuz finde. Da ist der neue Tatbestand festgehalten. Alles Belastende ist gebüßt von Jesus und weggetragen. Der ewige Gott hat uns lieb. Nichts kann uns aus seiner Hand reißen.

In großer Angst

Nach dir, Herr, verlangt mich.
Mein Gott, ich hoffe auf dich;
laß mich nicht zuschanden werden.
Keiner wird zuschanden,
der auf dich harrt.
Herr, zeige mir deine Wege
und lehre mich deine Steige!
Du bist der Gott,
der mir hilft;
täglich harre ich auf dich.
Gedenke nicht der Sünden meiner Jugend
und meiner Übertretungen,
gedenke aber meiner nach deiner Barmherzigkeit,
Herr, um deiner Güte willen!
Die Wege des Herrn sind lauter Güte und Treue
für alle, die seinen Bund und seine Gebote halten.
Meine Augen sehen stets auf den Herrn;
denn er wird meinen Fuß aus dem Netz ziehen.
Wende dich zu mir und sei mir gnädig;
denn ich bin einsam und elend.
Die Angst meines Herzens ist groß;
führe mich aus meinen Nöten!

aus Psalm 25

Sicher geführt

Jesu, geh voran
auf der Lebensbahn!
Und wir wollen nicht verweilen,
dir getreulich nachzueilen;
führ uns an der Hand
bis ins Vaterland.

Soll's uns hart ergehn,
laß uns feste stehn
und auch in den schwersten Tagen
niemals über Lasten klagen;
denn durch Trübsal hier
geht der Weg zu dir.

Rühret eigner Schmerz
irgend unser Herz,
kümmert uns ein fremdes Leiden,
o so gib Geduld zu beiden;
richte unsern Sinn
auf das Ende hin.

Ordne unsern Gang,
Jesu, lebenslang.
Führst du uns durch rauhe Wege,
gib uns auch die nötge Pflege;
tu uns nach dem Lauf
deine Türe auf.

Nikolaus Ludwig Graf von Zinzendorf

38 Jahre krank

Die fünf großen Säulenhallen waren von König Herodes prachtvoll geschmückt worden. Eigentlich paßte das nicht zu dem ganzen Jammer und Elend, das hier so dicht beieinander war: Gelähmte, Blinde, Schwindsüchtige. Was wurde da geseufzt und gelitten! Schon viele Jahre lagen die Kranken auf ihren billigen Matratzen auf dem Boden.

Der schöne Name des Hospitals »Bethesda« war gut gemeint. Es bedeutet »Haus der Barmherzigkeit«. Es gab viel Liebe auch hier an dieser Stätte unsäglichen Leids. Da waren Helfer, die für das Essen sorgten. Andere betreuten liebevoll die Kranken. Aber aus der Sicht derer, die nicht gesund wurden, war es eine Stätte des Jammers. Es ging sehr egoistisch zu in diesen Krankenhallen.

Alle warteten, dumpf vor sich hinstarrend, bis das Wasser des Teichs sich merkwürdig bewegte. Wer dann als erster im Wasser war, der wurde gesund. Tagelang, nein, wochen- und oft monatelang mußte man gespannt auf die Wasseroberfläche starren. Dann waren aber immer andere zuerst im Wasser. Wieviel bittere Enttäuschung spielte sich da am Rand des Teiches ab.

Sie lagen da und warteten. Draußen in Jerusalem ging das Leben weiter. Dort wurde gelacht, gestritten und gearbeitet. Sie aber waren ausgesperrt, ausgeschlossen.

Drüben im Tempel sangen viele Tausend die herrlichen Lieder des Gotteslobs. Doch das war eine andere Welt.

Nur Jesus kam herüber vom Gottesdienst im Tempel. Er stieg über die Leiber der Kranken, die da am Boden lagen. Er verdrängt das Leiden nicht, sondern sucht Verzweifelte, Müde und Verzagte. Er ist bei denen, die nachts nicht schlafen können. Er wohnt bei denen, die zerbrochenen Herzens sind.

Jesus blieb vor einem Kranken stehen, der schon 38 Jahre dort krank gelegen hatte. Ihn fragte er: »Willst du gesund werden?«

Das ist doch keine Frage, ob ich will, dachte der Kranke. Dann erzählt er enttäuscht seine Geschichte: »Herr, ich habe keinen Menschen. Niemand trägt mich zum Wasser. Wenn ich mich aber selbst dorthin gequält habe, ist bestimmt ein anderer schon vor mir drin!«

Da spricht Jesus: »Steh auf, nimm deine Matratze und geh nach Hause!«

Und der Kranke wurde sofort gesund. Allein auf das Wort Jesu hin geschah dies. Jesus demonstrierte seine Macht an einem, der am meisten Hilfe brauchte. Er kann auch heute viele Wunder vollbringen. Auch wenn er keine Gesundung oder Heilung schenkt, vermag er, die Matratzengruft zu verwandeln und daraus eine Stätte zu machen, wo er sich an einem leidenden Menschen verherrlicht.

Das muß allen Leidenden Mut machen, bei Jesus Hilfe zu suchen. Die Hilfe mag ganz verschieden aussehen. Immer aber ist Jesus größer und mächtiger als die Krankheit. Er sieht, wie schwer viele unter uns leiden. Es ist ihm nicht verborgen. Er will jeden auf seine eigene Art herausführen aus der Hoffnungslosigkeit. Er kann helfen, wo alles verloren scheint.

Es gibt Schlimmeres als Krankheit. So endet ja der Bericht im Evangelium. Jesu letztes Wort an diesen Mann war: »Sündige hinfort nicht mehr, daß dir nicht etwas Schlimmeres widerfahre!«

Was soll denn schlimmer sein können als eine 38jährige Krankenzeit? Viel ärger ist aber tatsächlich, wenn wir ewig verloren und ohne Hoffnung sind. Darum ist es das Größte und Wichtigste, heute das Leben mit Gott zu ergreifen, ganz gleich, ob wir krank oder gesund sind.

Auf dem Krankenbett gedichtet

Ein schweres Nervenleiden machte 25 Jahre lang Marie Schmalenbach das Sprechen fast unmöglich. Darunter litt sie besonders schwer im Blick auf ihre vier Töchter und ihren Mann. Mitten in dieser großen Not schuf sie ein Lied. Sie veröffentlichte es erstmals in einem Büchlein mit dem Titel: »Tropfen aus dem Wüstenquell«.

Brich herein,
süßer Schein
selger Ewigkeit!
Leucht in unser armes Leben,
unsern Füßen Kraft zu geben,
unsrer Seele Freud.

Hier ist Müh
morgens früh
und des Abends spät,
Angst, davon die Augen sprechen,
Not, davon die Herzen brechen;
kalter Wind oft weht.

Jesus Christ, du nur bist
unsrer Hoffnung Licht;
stell uns vor und laß uns schauen
jene immer grünen Auen,
die dein Wort verspricht.

Ewigkeit, in die Zeit
leuchte hell hinein,
daß uns werde klein das Kleine
und das Große groß erscheine,
selge Ewigkeit!

Notvolle Lebensabschnitte

In der Bibel wird erzählt, wie einer seine schwere Krankheit positiv deuten lernt. Der weitgereiste Apostel Paulus berichtet in einem seiner Briefe sehr persönlich von seiner Lebensführung.

Er hat große Wunder Gottes erlebt und war oft hoch erhoben durch gewaltige Erfahrungen. Aber dann schreibt er:

»Damit ich mich nicht überhebe, ist mir gegeben ein Pfahl ins Fleisch, nämlich des Satans Engel, der mich mit Fäusten schlagen soll, damit ich mich nicht überhebe.«

Die großen Erfahrungen des Glaubens können zu einem Überschätzen der eigenen Kraft führen. Man fühlt sich selbst sehr stark. Darum muß Paulus mit den Faustschlägen Satans leben.

Waren es Krankheiten, Spannungen, menschliche Schwierigkeiten? Wir wissen es nicht genau. Auf jeden Fall wurde Paulus an diesen schweren Faustschlägen seine eigene Schwäche bewußt.

Es tut ja furchtbar weh, wenn man nur einen kleinen Dorn oder eine Nadel im Fleisch hat. Wie schrecklich schmerzt dann erst ein Pfahl im Fleisch!

Dreimal hat Paulus um ein Wunder gebetet. Aber es kam nicht. Doch der Herr mit seiner unergründlichen Gnade begegnete ihm wieder neu: »Laß dir an meiner Gnade genügen; denn meine Kraft ist in den Schwachen mächtig!«

Vor Jahren durfte ich eine sehr gebildete, geistreiche Frau auf dem Weg zum Sterben begleiten.

Sie hatte die Welt bereist. Viele Jahre lebte sie in fernöstlichen Religionen. Sie trainierte oft Yoga und liebte Philosophie und hohe Literatur.

In den Tiefen der Schwachheit entdeckte sie plötzlich wieder die Hand Jesu, die sie hielt.

Wir sprachen oft über den gekreuzigten Jesus, der für unsere Schuld sein Leben opfert. Und dann kam über das Gesicht dieser sterbenden Frau die große Freude: »Seine Gnade trägt mich durch die Tiefen des Todes zum ewigen Leben!«

Die Kraft Jesu kommt erst richtig in unserer Schwachheit zur Geltung. »Darum bin ich guten Muts!« sagt Paulus. Er zieht fröhlich und unerschrokken weiter.

Er hat ja die Kraft Jesu entdeckt, die ohne Ende ist. Sie will sich in unserer Schwachheit ganz mächtig erweisen.

Das Gebet für die Kranken

Leidet jemand unter euch, der bete;
ist jemand guten Mutes, der singe Psalmen.
Ist jemand unter euch krank,
der rufe zu sich die Ältesten der Gemeinde,
daß sie über ihm beten
und ihn salben mit Öl in dem Namen des Herrn.
Und das Gebet des Glaubens
wird dem Kranken helfen,
und der Herr wird ihn aufrichten;
und wenn er Sünden getan hat,
wird ihm vergeben werden.
Bekennt also einander eure Sünden
und betet füreinander,
daß ihr gesund werdet.
Des Gerechten Gebet vermag viel,
wenn es ernstlich ist.

Jakobus 5,13-16

Getrost im Ungewissen

Daß du mich führst,
das festigt meine Schritte;
daß du mich führst,
das gibt mir Kraft und Mut.
Das dank ich dir
und das ist meine Bitte,
daß heut mein Herz
in deiner Führung ruht.

Wenn du mich führst,
dann weiß ich mich geborgen,
dann haben auch die Nächte ihren Sinn.
Wenn du mich führst,
dann leg ich Angst und Sorgen
getrost in deine starken Hände hin.

Wenn du mich führst,
weiß ich, daß auch die Schmerzen
von deiner Liebe abgewogen sind.
Weil du mich führst,
vertrau ich dir von Herzen
und bleibe bis ans Ziel,
mein Gott, dein Kind.

Womit habe ich das verdient?

Hilflos schaut mich der Mann an.

Eine Zeitlang sprechen wir ganz offen über die Krankheit. Morgen will der Arzt einen schwierigen Eingriff wagen. Er wird nicht ohne Folgen sein. Selbst wenn bei der Operation alles gutgehen sollte, so wird doch nachher die Bewegung sehr eingeschränkt sein.

»Womit habe ich das verdient?« Als der Mann das wiederholt, schüttelt er dazu seinen Kopf.

Was soll ich sagen? Immer wieder stellen Schwerkranke diese Frage. Offenbar treibt sie das mächtig um. Ist es nicht besser, darauf einfach zu schweigen?

»Dachten Sie wirklich, daß nur Gangster und Verbrecher krank würden?« frage ich zurück. Doch ich spüre, daß dies nicht weiterhilft.

Da regt sich offenbar tief im Herzen des Mannes ein Wissen um Schuld und Verfehlung. Ob jetzt nicht die Leiden in Verbindung stehen mit den alten Versäumnissen und Übertretungen vor vielen Jahren? Immer wieder mache ich die Beobachtung, daß Kranke in der Stille vor allem darüber grübeln.

Deshalb frage ich jetzt anders: »Was macht Ihnen denn in den einsamen Nachtstunden, wenn Sie nicht schlafen können, am meisten Not?«

Erst ganz langsam beginnt der Mann zu erzählen. Es belastet ihn, wie er damals als junger Mann seiner Mutter entgegengetreten war. »Ob das jetzt nicht die Quittung ist?« fragt er. Immer mehr böse Geschichten aus der Vergangenheit kommen ans Licht.

Froh bin ich, daß der Patient im andern Bett gerade draußen im Park spazierengeht. So können wir ganz offen reden.

»Sie können Ihre Schuld und Ihre Versäumnisse nicht selbst tragen!« Ich bin froh, daß ich dem Mann das klar sagen kann. »Auch mit schwersten Leiden können Sie das, was geschehen ist, nicht wieder gut machen!«

Darüber sollte man viel häufiger reden. Besonders Kranke finden da keine Antwort.

Ich erzähle, wie Jesus von Gott gesandt wurde, um die Sünde der Welt zu tragen und zu büßen. »Und dann hing er am Kreuz blutend – mit der Dornenkrone, die sie ihm auf den Kopf gedrückt hatten.«

Still hört der Mann zu. »Die Strafe liegt auf Jesus, auf daß wir Frieden hätten! Und durch seine Wunden sind wir geheilt.«

Das sind die schönsten Augenblicke im Leben eines Seelsorgers, wenn man über all die offen bekannte Not und Versäumnisse das Wort sprechen darf: »Vergeben und in des Meeres Tiefe versenkt – im Namen Jesu.«

Und so verabschiede ich mich: »Sie dürfen wissen, daß Jesus auch morgen während der Operation bei Ihnen ist. Niemand kann Sie aus der Hand Jesu reißen!«

Bange, aber nicht verzagt

Wir haben aber diesen Schatz in irdenen Gefäßen,
damit die überschwengliche Kraft
von Gott sei und nicht von uns.
Wir sind von allen Seiten bedrängt,
aber wir ängstigen uns nicht.
Uns ist bange,
aber wir verzagen nicht.
Wir leiden Verfolgung,
aber wir werden nicht verlassen.
Wir werden unterdrückt,
aber wir kommen nicht um.
Wir wissen,
daß der, der den Herrn Jesus auferweckt hat,
wird uns auch auferwecken mit Jesus.
Darum werden wir nicht müde;
sondern wenn auch unser äußerer Mensch verfällt,
so wird doch der innere von Tag zu Tag erneuert.
Denn unsre Trübsal, die zeitlich und leicht ist,
schafft eine ewige und über alle Maßen
gewichtige Herrlichkeit,
uns, die wir nicht sehen auf das Sichtbare,
sondern auf das Unsichtbare.
Denn was sichtbar ist, das ist zeitlich;
was aber unsichtbar ist, das ist ewig.

aus 2. Korinther 4

Das Leiden

Der größte je von Menschen behauene Stein liegt in der libanesischen Tempelstadt Baalbeck. Er ist 21 Meter lang, hat eine Höhe von 4 Metern und eine Breite von 5 Metern. Wie konnten eigentlich die Menschen vor 2 000 Jahren solch einen Koloß bewegen? Sie hatten weder Dampfkraft noch Motoren, keine Traktoren, Kräne oder gar Dynamit. Doch es gibt ein ganz simples Mittel, mit dem man die schwersten Lasten bewegen kann – den Hebel.

Solch ein Instrument bräuchte man im Alltag. Da denke ich jetzt besonders an die Kranken. Alle Gedanken kreisen um die ungewisse Zukunft. Und dann sind da die schweren Schmerzen.

Niemand kann des Leidens Rätsel lösen. Warum stehe ich im Schatten und andere leben fröhlich in der Sonne?

Ein Freund von mir hat als Seelsorger unzählig vielen Menschen geholfen. Über Nacht mußte er in eine Nervenklinik eingeliefert werden. Dort sprach ihn eine Patientin an, die ihn kannte: »Das hätte ich nie gedacht, Sie hier als Patient zu treffen!«

Warum eigentlich nicht? Jeder kann von jeder Krankheit heimgesucht werden, ob das Geisteskrankheit ist oder Krebs.

Leiden gehört ganz natürlich zu dieser Welt. Eine tiefe Dissonanz kam in die göttliche Harmonie seiner Schöpfung. Mit der Sünde machten sich die nichtigen Zerstörungskräfte breit.

Der griechische Philosoph Sophokles meinte, »nicht geboren zu werden oder bald in der Kindheit zu sterben, ist das beste Schicksal! Wenn wir auf der Erde heranwachsen, erwartet uns Leid und Kummer.«

Die Bibel sagt es anders. Jesus hat mit seinem ganzen Leben gelitten. Er aber trat entschieden dieser Leidenswelt entgegen: »In der Welt habt ihr Angst, aber seid mutig, ich habe die Welt überwunden!«

Da wird ein Sieg aufgerichtet und ein Weg gewiesen, den man sicher gehen kann. Wer auf Jesus blickt, sieht über Leid und Tränen weit hinaus. So schrieb einst Paulus, der Apostel, die Worte nieder: »Ich bin überzeugt, daß dieser Zeit Leiden nicht ins Gewicht fallen gegenüber der Herrlichkeit, die an uns offenbart werden soll.«

Das sind wunderbare Aussichten. Mit Jesus kann das schwerste Leiden gehoben werden. Es lastet nicht mehr als rätselhafte Last auf uns. Vielmehr muß es uns zum Besten dienen. Es will uns näher zu Jesus hintreiben, in dessen Hand wir geborgen und gehalten sind.

Kein Verhängnis – sondern Verheißung

Sind wir aber Kinder,
so sind wir auch Erben,
nämlich Gottes Erben und Miterben Christi,
wenn wir denn mit ihm leiden,
damit wir auch mit ihm
zur Herrlichkeit erhoben werden.
Denn ich bin überzeugt,
daß dieser Zeit Leiden nicht ins Gewicht fallen
gegenüber der Herrlichkeit,
die an uns offenbart werden soll.
Wir wissen aber, daß denen, die Gott lieben,
alle Dinge zum Besten dienen.

aus Römer 8

Wir bitten menschlich alle um die Freude
und schaudern menschlich alle vor dem Leide;
vermessen wäre es, um das Leid zu bitten.
Doch weiß ich wohl, daß Gott
die Welt durch Leiden so tief gesegnet
wie durch keine Freuden,
und daß ihm danken, die das Leid durchlitten.

Arno Pötzsch

Dann kam der schreckliche Autounfall

Der Geschäftsmann wurde schon in jungen Jahren reich. Er besaß ein gepflegtes Haus, einige Reitpferde, dazu auch eine Jacht am Bodensee und lebte in einer netten Familie. Er war der »gefragte Typ«, erfolgreich und beneidet, mit vielen Kontakten zur Gesellschaft und zur Wirtschaft. Eine Traumkarriere.

Dann stellte plötzlich ein großer Auftraggeber seine Zahlungen ein. Jetzt folgte in kürzester Zeit ein Absturz in die Tiefe. Die Familie mußte das schöne Haus aufgeben und in eine enge Mietwohnung ziehen. Wieder mußte von unten mühsam der Aufstieg geschafft werden. Da kam wie ein Blitz aus heiterem Himmel der Autounfall.

Ein Mann, der schon wegen Alkohol am Steuer vorbestraft war, übersah die rote Ampel und raste gegen das Auto des Geschäftsmannes. Schwerverletzt wurde dieser geborgen und ins Krankenhaus gebracht. Viele Operationen folgten. Er überlebte. Aber er hatte sein Augenlicht verloren.

Er konnte mir genau erzählen, was er in diesen furchtbaren Stunden empfand: »Schon in dem Augenblick, als die Fahrzeuge zusammenstießen, habe ich sofort gewußt, daß ich jetzt nur noch ein Wrack war.

Sieben Stunden dauerte die erste Operation. Der Chirurg sagte mir später: ›Daß Sie leben, ist für uns alle ein Wunder!‹

Ich lag noch im Krankenhaus im Koma, da spürte ich, wie vier Worte auf mich zukamen: ›Ich lasse dich nicht!‹ Immer wieder, wenn ich aus der Bewußtlosigkeit aufwachte, fühlte ich mich fast körperlich getragen von der Liebe Gottes.«

Ich spürte, wie dem blinden Mann, der da vor mir saß, das Erzählen schwerfiel.

»Sie denken vielleicht, ich wollte rührselige Geschichten erzählen«, sagte er mißtrauisch. »Wenn Sie mich früher gekannt hätten, wüßten Sie, wie stolz, hochmütig und eigenwillig ich damals war. Der Griff zur Flasche oder auch der Entschluß, meinem Leben selbst ein Ende zu machen, lag mir näher, als ausgerechnet vor dem zu kapitulieren, an den ich überhaupt nicht glaubte und der für mich nicht existierte.

Durch das schreckliche Unglück, das da passierte, sah ich plötzlich mein Leben ganz neu. Ich lernte als blinder Mann zu sehen. In meinem Streben nach Reichtum hatte ich Gott völlig vergessen. Für mich existierte nur meine Karriere. Doch durch das, was in jener Nacht geschah, kann ich mich heute mit neuen Augen sehen.

Ich habe verstanden, daß Jesus auch meine Schuld mit an das Kreuz genommen hat. Und daß Gott ein Gott der Liebe ist, der mich kleidet und versorgt und immer wieder durchhilft, wenn die letzten Geldreserven aufgebraucht sind.

Das, was ich heute als bewußter Christ erlebe und erfahre, ist für mich so atemberaubend, daß ich keine Sekunde zögern würde, alles Vorhergegangene noch einmal auf mich zu nehmen – auch den Unfall und die Blindheit –, um das Leben zu bekommen, das ich jetzt leben darf. Das kommt Ihnen vielleicht ungeheuerlich vor. Aber ich weiß endlich, wer Jesus Christus ist und was er für mich bedeutet.«

Ich schaute in sein von Narben entstelltes Gesicht mit den verschlossenen Augenhöhlen und konnte nur still zuhören. Wieder erlebte ich, was so oft bei Krankenbesuchen geschieht, daß die Gesunden beschenkt werden.

Dann sagte er noch zum Abschied:

»Das aufregendste Buch, das es in dieser Welt gibt, ist die Bibel. Dort kann man Jesus kennenlernen. Welche Nöte und Gebrechen der Menschen durchlitt er! Er kümmerte sich um Verbrecher und Aussätzige, um Dirnen und Ehebrecher, um Menschen, die die Welt als Außenseiter bezeichnet. Er brachte ihnen seine Liebe. Für sie und für mich ließ er sich ans Kreuz schlagen, damit wir Vergebung vor Gott haben.

Ist das nicht eine wunderbare Hoffnung für alle, die meinen, sie seien vergessen? Man muß nur auf das Kreuz Jesu blicken. Ich kann bezeugen, daß es für mich zu einer lebendigen Hoffnung geworden ist.«

Gebete in Krankheit

Vater im Himmel,
du hast mir viel Gutes erwiesen,
laß mich auch das Schwere
aus deiner Hand hinnehmen.
Du wirst mir nicht mehr auflegen,
als ich tragen kann.
Herr Jesus Christus,
du warst arm und elend,
gefangen und verlassen.
Du kennst alle Not der Menschen.
Du vergißt mich nicht.
Herr, was dieser Tag auch bringt –
Dein Name sei gelobt!

Dietrich Bonhoeffer

Wirf dein Anliegen auf den Herrn;
der wird dich versorgen
und wird den Gerechten
in Ewigkeit nicht wanken lassen.

Psalm 55,23

Stärke mich, Gott,
durch den Heiligen Geist!
Gib mir Kraft,
damit mein Herz fest werde
und von aller unnützen Sorge und Angst frei sei;
damit ich nicht durch mancherlei Wünsche
nach wertlosen oder auch kostbaren Dingen
abgelenkt werde,
sondern das alles
in seiner Vergänglichkeit sehe.
Gib mir, Herr, Weisheit, damit ich lerne,
dich mehr als alles zu suchen und zu finden.
Führe mich sicher zum Ziel.

Thomas von Kempen